Índice

Rourke Educational Media
A Division of Carson Dellosa Education
rourkeeducationalmedia.com

¿Puedes encontrar estas palabras?

cuernos

pezuñas

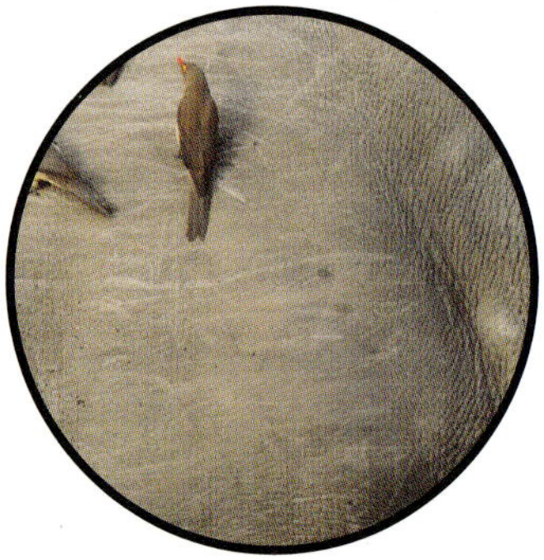

piel

plantas

¿Qué hacen los rinocerontes?

El rinoceronte es un mamífero africano.

¡Los rinocerontes son enormes!

Pesan lo mismo que 30 humanos adultos.

Los rinocerontes tienen **cuernos**.

Sus patas tienen **pezuñas.**

Los rinocerontes mastican hierba.

Sólo comen **plantas.**

Los rinocerontes se revuelcan en el barro.

El barro los protege del sol.

¡Los rinocerontes cargan aves!

Las aves comen bichos de la **piel** de un rinoceronte.

¿Encontraste estas palabras?

Los rinocerontes tienen **cuernos**.

Sus patas tienen **pezuñas**.

Las aves comen bichos de la **piel** de un rinoceronte.

Sólo comen **plantas**.

Glosario fotográfico

cuernos: protuberancias duras y óseas en las cabezas de los animales con pezuñas.

pezuñas: uñas grandes y duras que protegen las patas de animales como caballos, ciervos y cerdos.

piel: cubierta exterior del cuerpo de un animal o de un ser humano.

plantas: seres vivos que no son animales, no pueden moverse de un lugar a otro y hacen su propia comida.

Índice analítico

Sobre la autora

Lisa Jackson es una escritora de Ohio. Le gustaría visitar África algún día, especialmente para ver sus increíbles animales. Por ahora, le gusta alimentar a las jirafas en el zoológico de Columbus.

www.rourkeeducationalmedia.com

PHOTO CREDITS: cover: ©brytta; pages 2, 12, 14, 15: ©Camila1111; pages 2, 6, 14, 15: ©johan63; pages 2, 8, 14, 15: ©Ian Fox; page 3: ©Dhoxax; page 4: ©CornelisNienaber; page 10: ©Firaxx

Edición: Keli Sipperley
Diseño de la tapa e interior: Rhea Magaro-Wallace
Traducción: Santiago Ochoa
Edición en español: Base Tres

Library of Congress PCN Data
Rinoceronte / Lisa Jackson y Santiago Ochoa
Animales africanos
ISBN 978-1-73162-929-6 (hard cover - spanish)(alk. paper)
ISBN 978-1-73162-921-0 (soft cover - spanish)
ISBN 978-1-73162-935-7 (e-Book - spanish)
ISBN 978-1-73163-358-3 (ePub - spanish)
ISBN 978-1-73160-558-0 (hard cover - english)(alk. paper)
ISBN 978-1-73160-437-8 (soft cover - english)
ISBN 978-1-73160-607-5 (e-Book - english)
ISBN 978-1-73160-674-7 (ePub - english)
Library of Congress Control Number: 2019945777

Printed in the United States of America,
North Mankato, Minnesota